7

Lk 643.

SOCIÉTÉ ARCHÉOLOGIQUE

DE L'ARRONDISSEMENT D'AVESNES.

NOTICE

SUR LE

CHAPITRE DE SAINT-NICOLAS

D'AVESNES

Par M. A.-L. BOURGEOIS, membre résidant.

AVESNES,

IMPRIMERIE DE DUBOIS-VIROUX, ÉDITEUR.

1856.

Si j'ai le plaisir d'offrir un premier travail à la Société archéologique, je le dois à M. MICHAUX aîné, dont la bonne amitié m'a valu la communication de précieux documents et plus d'un judicieux conseil.

A.-L. B.

Sources :

1° Lett. apost. de Clément VII — 1533 — cal. d'août.
2° Déclaration de Louise d'Albret — 1534 — 10 avril.
3° Statuts du Chapitre d'Avesnes — 1534.
4° Documents et renseignements divers réunis par M. MICHAUX aîné.

CHAPITRE

DE

SAINT-NICOLAS D'AVESNES.

LOUISE D'ALBRET avait une affection et une dévotion toutes particulières pour l'église de Saint-Nicolas d'Avesnes. Elle la fit ériger en collégiale le 10 avril 1534. Depuis assez longtemps elle y entretenait des vicaires chargés de réciter les heures canoniales et de chanter des obits. Après avoir obtenu le consentement du Pape, et s'être préalablement entendue avec l'Abbé de Liessies, collateur de la cure de Saint-Nicolas, elle fonda treize prébendes dans son église de prédilection pour un Chapitre composé d'un Prévôt, d'un Doyen et de onze autres chanoines. Une de ces prébendes fut intégralement et indivisiblement unie à la cure d'Avesnes, et laissée à la collation de l'Abbé de Liessies, qui, par compensation, donna aux chanoines la jouissance du chœur de l'église de Saint-Nicolas, à charge toutefois de *l'entretenir à perpétuité*, et de permettre au Curé d'y célébrer ses offices à des heures convenables. Il leur abandonna également le droit de pourvoir à toutes les chapelles qu'il possédait à Avesnes. La fondatrice se réserva, pour elle et pour ses successeurs, la collation des douze autres prébendes, sous la condition de n'en investir que des ecclésiastiques. Indépendamment d'une prébende, elle attacha à la Prévôté un fief de son domaine, comprenant dix rasières de terre, et situé au lieu vulgairement nommé Le Tronquois, vers la chapelle de Ghodin. Elle nomma directement le premier Doyen; mais elle ordonna que désormais ce dignitaire serait, à chaque vacance, élu par le Chapitre et pris dans son sein. L'élection devait toutefois être ratifiée par l'évêque de Cambrai. Une fois l'approbation épiscopale obtenue l'élu devenait le deuxième personnage de son corps, « L'OEIL DU CHOEUR », et c'était à lui qu'incombait la charge des âmes des chanoines et des autres prêtres de l'église. Le Curé venait immédiatement après le Doyen dans l'ordre des préséances; il était tout à la fois chanoine prébendé et chef de la paroisse de Saint-Nicolas. Quand il officiait à l'occasion de sa prébende, il avait pour diacre un chanoine, et pour sous-diacre un vicaire ou un chapelain; dans les mêmes circonstances, le Prévôt et le Doyen avaient l'un et l'autre deux chanoines pour assistants.

Un chanoine qui avait le titre de CHANTRE, remplissait ordinairement les fonctions de *choriste*. Dans les fêtes doubles et triples, il était aidé par l'ÉCOLATRE, un de ses confrères, qui était en outre investi, sous la direction du Chapitre, de toutes les attributions indiquées par sa qualification.

Tous les chanoines, même les dignitaires, étaient astreints à la résidence. Une absence, non autorisée du Chapitre, entraînait la privation des fruits de la prébende, dont on faisait deux parts : avec l'une on indemnisait un vicaire ou un chapelain délégué temporairement dans les fonctions de l'absent; l'autre était attribuée, à peu près exclusivement, à la MENSE CAPITULAIRE, conformément à des statuts dont l'acte de fondation ordonne la rédaction et indique les principes généraux, comme de suivre le rite de Cambrai, de se conformer aux observances des autres collégiales du comté de Hainaut, etc., etc.

Quant aux intentions particulières de la fondatrice, elles sont explicitement formulées :

1º Tous les jours une messe solennelle, et la récitation des heures canoniales dans l'église ;

2º Cinquante obits chaque année;

3º Tous les jeudis une messe du Saint-Sacrement;

4º Tous les samedis une messe basse en l'honneur de la Sainte Vierge, pour la conversion du plus grand pécheur de la terre ;

5º Tous les lundis une messe basse pour l'âme la plus misérable du Purgatoire ;

6º Les jours où le Prévôt, le Doyen ou le Curé officiaient à l'occasion de leurs prébendes, une messe basse à l'intention de la fondation, dite à tour de rôle par les chanoines qui avaient asssisté les dignitaires.

Le Chapitre d'Avesnes dût entretenir un personnel assez nombreux :

1º Deux grands-vicaires chargés de commencer les heures en se relevant de semaine en semaine;
2º Quatre vicaires assistants, dont deux étaient clercs de l'église;
3º Six enfants de chœur;
4º Un maître de musique;
5º Un organiste;
6º Un carillonneur? chargé du soin de faire sonner les cloches.

Le total des charges annuelles du Chapître s'élevait à 668 fr. 8 s.; en voici le détail:

Pour 2 grands-vicaires, au traitement annuel de 48 fr. chacun........................	96 fr.	
Pour 4 vicaires assistants, au traitement annuel de 40 fr. chacun.....................	160	
Pour 6 enfants de chœur, au traitement annuel de 12 fr. chacun........................	72	
Pour 1 maître de musique, gouverneur des enfants de chœur........................	40	
Pour 1 organiste.....................	40	
Pour 1 carillonneur?................	50	
Pour le luminaire...................	110	
Pour la fabrique, le chœur et les ornements de l'église........................	40	
Pour une messe avec eau bénite, célébrée tous les dimanches dans la chapelle de Sainte Marie-Madeleine du Béguinage d'Avesnes........	10	8 s.
Pour 10 livres chaque année à chacune des 5 béguines...........................	50	
	668 fr.	8 s.

De plus les chanoines étaient tenus de donner tous les ans cinq muids de blé au Béguinage.

Outre le fief indivisiblement attaché à la Prévôté, Louise d'Albret destina à la dotation du Chapître deux mille livres de rentes, provenant de ses économies.

Louise d'Albret, Louis de Blois, abbé de Liessies, Jean Gobert, curé de Saint-Nicolas, le Chapître, le Mayeur et les Echevins de la ville, souscrivirent l'acte de fondation, daté d'Avesnes le 10 avril 1534.

Le Chapître de Saint-Nicolas d'Avesnes fut installé par maître Philippe, vicaire général de l'évêque Robert de Croy, en présence de maître Jean Mouscron, official du diocèse, et de maître Eloi Waltriez, doyen de Saint-Géry de Cambrai.

Peu de temps après son installation, le Chapitre procéda à son organisation intérieure en rédigeant ses statuts. Il est indispensable d'en reproduire les principales dispositions si l'on veut donner une notion suffisante de la collégiale de Saint-Nicolas :

Il fallait de toute nécessité résider pour percevoir les fruits des canonicats.

Le chanoine nommé qui voulait prendre résidence, se présentait devant le Chapitre le 8 juin, à l'heure des vêpres, sinon, il était ajourné à l'année suivante. Il entrait en fonctions aux premières vêpres de la Saint Jean-Baptiste, et pendant quatre semaines consécutives, il assistait à toutes les heures diurnes et nocturnes, et ne pouvait sortir du chœur qu'avec la permission du Prévôt ou du Doyen, ou d'un délégué de ces dignitaires, et seulement pour satisfaire aux nécessités corporelles, sous peine d'être privé des fruits de l'année entière. Après avoir subi cette épreuve, qu'on appelait le MOIS DE RÉSIDENCE PÉRILLEUSE, le nouveau résidant payait une somme de douze livres Hainaut pour les ornements de l'autel et du chœur, et désormais, à moins qu'il ne fût de semaine, sa présence n'était requise que pour des parties déterminées des offices de chaque jour.

Les chanoines pouvaient prendre vingt-quatre jours de congé dans le cours de l'année; en cas de maladie, ils étaient dispensés de tout service, sans rien perdre de leurs émoluments.

Les prescriptions des statuts avaient pour sanction des amendes de quelques sous. Le maintien de la concorde entre les membres du Chapitre était assuré par une répression plus sévère : une retenue de quatre livres Hainaut pour une injure adressée à un confrère; pour une voie de fait, l'excommunication et la privation des fruits de la prébende, jusqu'à ce que le coupable eût reçu l'absolution de l'évêque, ou de son pénitencier, et donné satisfaction à l'offensé.

Les émoluments de chaque chanoine se composaient du 13e du casuel et des revenus disponibles de la fondation. Ils ne dépassèrent jamais 450 livres; le chiffre de 300 livres peut être regardé comme une moyenne plutôt enflée qu'atténuée. Le principe fondamental de la répartition des sommes provenant des obits, fondations pieuses, etc., etc., était que les chanoines recevaient toujours une part double de celle des habitués de l'église; par contre, pour les mêmes infractions, ils subissaient toujours une retenue double de celle qui était infligée aux vicaires et chapelains. Bien entendu que pour avoir droit à une distribution résultant d'un office quelconque, il fallait y avoir assisté.

Le Chapitre se réunissait tous les vendredis pour traiter les affaires courantes, et pour établir ce qui revenait à chaque résidant dans les produits de la semaine écoulée. Il tenait en outre, chaque année, deux assemblées dites CHAPITRES GÉNÉRAUX, le jour de Saint Silvestre et à la fête des martyrs Jean et Paul, pour arrêter la comptabilité des deux semestres, dont le premier se terminait la veille de Noël, et le second la veille de la nativité de Saint Jean-Baptiste.

Si un chanoine venait à mourir après l'Assomption, ou le jour même de cette fête, les fruits de sa prébende, pendant tout le premier semestre, étaient acquis à sa succession. Il en était de même pour le produit du second semestre, si le décès avait lieu après la Purification, ou ce jour-là même.

Si le Chapitre perdait un de ses membres avant l'une ou l'autre des deux dates ci-dessus indiquées, les fruits de la prébende du défunt, à partir du jour de la mort et pendant le reste du semestre, étaient appliqués à l'entretien du chœur et des ornements.

Dans le cas où un résidant décédait dans le cours du premier semestre, son successeur ne pouvant être admis à la résidence avant la Saint Jean-Baptiste, le produit intégral d'une prébende pendant le second semestre restait disponible, et était affecté à la dotation de la collégiale.

Le Chapitre avait un grand sceau et un petit. Le premier était gardé dans un *ferme*, dont le Prévôt, le Doyen et le plus ancien chanoine dans l'ordre de réception avaient chacun une clef. Le second était déposé dans les armoires du corps, dont les clefs étaient entre les mains de deux chanoines, désignés tous les ans dans l'assemblée générale du mois de juin. Les dépositaires des sceaux qui en auraient fait usage autrement qu'en vertu d'une délibération capitulaire, étaient privés des fruits de leurs prébendes, sans préjudice de peines plus graves, s'il y avait lieu.

Le jour même de la mort d'un chanoine, on récitait le psautier dans le chœur à l'intention du défunt. On prélevait sur sa succession quatre livres Hainaut, qui étaient réparties entre tous les assistants suivant le principe fondamental de toute distribution.

C'était le Doyen qui célébrait les obsèques avec un décorum digne de l'état ecclésiastique. On prenait sur les biens du défunt 12 livres Hainaut, qui étaient distribuées de la manière suivante :

1° Au Doyen	40 s.
2° Au carillonneur ?	30
3° Pour le luminaire	30

4° Le reste aux chanoines et aux autres vicaires assistants (*)

Le Doyen présidait également aux funérailles des vicaires, chapelains et autres fonctionnaires de l'église. On ne prélevait que six livres sur ce qu'ils laissaient, pour les répartir proportionnellement aux sommes indiquées plus haut.

Le Doyen, en sa qualité de curé du Chapitre, avait pour lui les offrandes des obsèques, tant en numéraire qu'en pains, et en outre le luminaire et les cierges des assistants.

Les chanoines pouvaient disposer de leurs biens meubles, soit en faisant un testament olographe, soit en dictant leurs dernières volontés en présence de deux témoins, au nombre desquels ne pouvait jamais se trouver le curé du lieu. Ils devaient désigner un de leurs confrères comme exécuteur testamentaire. Celui-ci dressait l'inventaire de la succession et procédait à la vente des biens avec le concours du notaire du Chapitre : dans le délai d'un an, à partir du jour du décès, il produisait ses comptes devant l'assemblée capitulaire. En vertu du droit de souveraineté de l'église collégiale, il était perçu trois deniers par livre sur le produit de la succession, et pareille sommes au profit des chanoines résidants et présents à l'examen de la gestion de l'exécuteur testamentaire. Il était alloué 20 sous au notaire pour sa signature.

Les mêmes règles étaient applicables aux testaments des vicaires et chapelains, seulement l'exécuteur testamentaire pouvait être un de leurs collègues ou un chanoine; les honoraires du notaire étaient réduits à dix sous, et il n'était perçu que trois deniers par livre, tant pour l'église que pour la séance d'examen des comptes de la succession. Il y avait encore une autre circonstance, où un droit de présence était attribué aux chanoines capitulaires : c'était pour la séance du 8 juin, quand il y avait lieu à admettre un nouveau titulaire à la *première résidence*. Dans ce cas, chaque chanoine présent recevait deux sous Hainaut.

Quand un chanoine ou un autre prêtre de l'église mourait intestat, le Chapitre disposait à son gré de ses biens meubles, en se conformant cependant, autant que possible, aux intentions présumées du défunt. Il remettait à l'évêque de Cambrai le dixième du produit net de la succession.

En cas de décès du curé de Saint-Nicolas, ses exécuteurs testamentaires n'avaient de comptes à rendre qu'à l'évêque de Cambrai; c'était à ce prélat que se payaient les droits de mutations, et que

---

(*) Voir le deuxième tableau à la fin de cette notice.

revenait la succession tout entière, si le défunt n'avait pas laissé de testament.

En entrant en possession de leurs offices respectifs, les chanoines, chapelains, vicaires, etc., etc., prêtaient serment de fidélité, de soumission et de dévouement au Chapitre, suivant une formule déterminée pour chaque position. Par une des clauses de leur serment, les chanoines s'engageaient à résider personnellement, sous peine de perdre les fruits de leurs prébendes, et à ne jamais se prévaloir d'aucun privilége à ce sujet, de quelque autorité qu'il émanât.

De son côté, le Seigneur d'Avesnes jurait à son avénement de maintenir et défendre les libertés, franchises, etc., etc., du Chapitre dont il était le Patron.

Les libéralités des particuliers paraissent s'être ajoutées à celles de Louise d'Albret pour doter les chanoines d'Avesnes. Un vieux titre apprend que « PIERRE BRACQUENIE, carpentier, pour et en augmentation de la fondation du vénérable collége et Chappittre d'Avesnes » lui fit don, par acte authentique du 7 septembre 1535, d'une rente annuelle de quarante sous tournois. Selon toute vraisemblance, les imitateurs ne manquèrent pas à l'humble artisan qui greva sa maison, sise dans les « Basses-Rues », au profit du pieux établissement créé par une puissante princesse; Rolland Meurant, et ses successeurs, représentant la collégiale de Saint-Nicolas en leur qualité de receveurs, furent encore plus d'une fois « adhérités de rentes ou héritaiges, bien et à loy pardevant les Prévôt et Eschevins ». Malheureusement les chanoines perdirent leur fondatrice le 12 septembre 1535, et dès lors ils durent craindre de ne pouvoir maintenir intacte leur organisation, si même elle était déjà complètement réalisée; car on ne trouve aucune trace de l'institution des six vicaires. Quoiqu'il en soit, une de leurs charges fut clairement définie par une déclaration du 3 janvier 1536. Sur la demande de l'Abbé de Liessies, Philippe de Croy, qui avait succédé à Louise d'Albret, sa mère, dans la seigneurie d'Avesnes, précisa ce qu'il fallait entendre par l'*entretien perpétuel* du chœur de l'église de Saint-Nicolas mis à la charge du Chapitre par l'acte de fondation. Le prince décida que cette clause embrassait toute espèce de réparations intérieures et extérieures, et même, le cas échéant, la reconstruction partielle ou totale de l'édifice.

A la mort du chanoine Roysin, le Chapitre se fondant sur l'exiguité de ses ressources, demanda la suppression d'un des treize canonicats, et la répartition entre les douze autres des fruits de la prébende éteinte. En faisant droit à cette requête par une sentence rendue le 15 janvier 1575, la cour de l'officialité de Cambrai attribua au décanat, sur les produits du canonicat supprimé, une somme annuelle de douze florins (*).

Malgré la réduction de leur nombre, les chanoines de Saint-Nicolas furent encore loin d'être opulents. Les évaluations, qu'on rencontre çà et là, des fruits de leurs prébendes, varient entre 300 et 400 livres, sans qu'on trouve nulle part des renseignements suffisants pour établir un compte, sinon exact, du moins suffisamment approximatif de leurs revenus. On n'en voit qu'une espèce de nomenclature dans des conclusions du Vice-Promoteur de la cour de l'officialité de Cambrai :

1º Revenus des biens de la fondatrice;
2º   »   des biens cédés par Philippe de Croy ;
3º   »   de l'obituaire, etc., etc.

Le Nº 1 est bien connu (**). Au moment de la fondation, Louise d'Albret donna à ses chanoines des titres constituant à leur profit un revenu net de 1535 liv. 3 s. 2 d., en s'engageant à ajouter successivement à cette dotation jusqu'à concurrence de deux mille livres Hainaut de rentes annuelles et perpétuelles; mais elle mourut avant d'avoir pu tenir sa promesse, et tout porte à croire que Philippe de Croy se borna à remplir l'engagement de sa mère. Les revenus rangés sous le second chef représenteraient donc une valeur de 464 liv. 16 s. 10 d. Quant aux produits annuels de l'obituaire, fondations pieuses, etc., etc., rien jusqu'ici ne permet de les évaluer directement; mais on voit qu'ils devaient s'élever à 2280 liv., si l'on adopte le chiffre de 300 liv. pour valeur d'une prébende depuis la suppression de 1575 :

DÉPENSES :

12 chanoines à 300 liv.	3600 liv.	4280 liv.
Charges	680	

RECETTES ;

Dotation	2000 liv.	4280 liv.
Obituaire, etc., etc . .	2280	

Que ces chiffres soient exacts ou non, il est incontestable que le Chapitre de Saint-Nicolas fut toujours besogneux; c'est un fait qui ressort de tous les documents. En recommandant aux chanoines, dans un mandement du 7 novembre 1608, l'assiduité aux différents offices, Guillaume de Berghes dit en propres termes « d'autant plus qu'ils sont dans l'impossibilité de prendre des vi-

---

(*) Florin de 20 staphères de Flandres.
(**) Voir le premier tableau à la fin de la notice.

caires pour les suppléer », et plus loin « plus les revenus des prébendes de cette église sont faibles, plus on doit donner de soins à la bonne administration du temporel; il y aurait sans doute avantage à en investir un des confrères. » L'opinion du prélat fut quelquefois mise en pratique; on verra le chanoine Gobled intervenir dans un acte en qualité de « receveur du Chapitre. » Un autre indice de la gêne du Chapitre et de la nécessité où il s'était trouvé de réduire ses dépenses, c'est qu'au lieu de six enfants de chœur, que lui imposait l'acte de fondation, il n'en avait alors que quatre. Mgr. de Cambrai ordonna d'en entretenir deux de plus sur des fonds légués dans cette intention par un Prévôt, dont le nom n'est pas indiqué. Ce mandement du 7 novembre 1608, qui suivit une visite du Chapitre faite par un délégué de l'archevêque le 4 août de la même année, a tout le caractère d'un rappel à l'observation des statuts de 1534, auxquels il ajoute de nouvelles prescriptions, telles que l'obligation de porter constamment le costume ecclésiastique, la nécessité de recourir à l'autorité épiscopale pour réduire les anciennes fondations, même dans le cas où la rétribution ne répondrait plus aux charges, enfin, conformément à une décision du Concile de Trente, l'injonction de convertir le tiers des fruits de chaque prébende en distributions quotidiennes, affectées aux trois grandes heures du jour, et qui seraient acquises aux chanoines présents à l'office, tandis que les parts des absents profiteraient à la fabrique.

François Vander Burch visita en personne le Chapitre d'Avesnes, les 13 et 14 février de l'année 1617. Le 15, avant de quitter la ville, il adressa aux chanoines un mandement dans lequel il recommanda l'observation rigoureuse de toutes les prescriptions de son prédécesseur, et prononça sur quelques points qui n'offrent plus actuellement aucun intérêt. Le but principal de cette visite solennelle paraît avoir été le rétablissement de la bonne harmonie entre le Chapitre et le curé. Les deux parties signèrent alors un traité de paix dont les principales dispositions méritent d'être reproduites :

« Les deux parties se pardonnent et oublient mutuellement le
» passé; désormais elles vivront dans une sincère amitié, et s'ai-
» deront l'une l'autre de tout leur pouvoir.

» Les ornements du Chapitre et ceux de la paroisse serviront
» indistinctement aux deux parties contractantes.

» Le bâtonnier du Chapitre prêtera ses services au curé; le clerc
» du curé fera de même à l'égard du Chapitre.

» Le Chapitre et le curé n'auront qu'un seul et même maître de
» chant.

» L'été prochain, le Chapitre fera restaurer convenablement le
» chœur; le curé facilitera cette opération de tout son pouvoir, en
» sollicitant des subsides du prince de Chimai, de l'Abbé de Lies-
» sies, du magistrat et de la ville d'Avesnes, et en faisant égale-
» ment des démarches auprès du clergé de Hainaut à l'effet d'ob-
» tenir remise des tailles dues par le Chapitre.

» Jusqu'à l'achèvement des travaux, le curé sera dispensé d'as-
» sister aux heures canoniales; une fois la restauration terminée,
il prendra part aux offices canoniaux, autant qu'il le pourra, ce
qui sera laissé à l'appréciation de sa conscience; néanmoins sa présence sera indispensable pour lui donner droit aux distributions
des obits et des anniversaires, à moins d'un empêchement résultant de ses fonctions, et signifié au *Notateur*. Le curé de Saint-
Nicolas, qui signa « ces conditions de paix et de concorde propo-
sées par Mgr. Vender Burch, » se nommait Nicolas Warnot; il
ajoutait à son titre celui de Doyen de chrétienté.

A partir du Traité des Pyrénées (1659), le roi de France nomma
aux prébendes. « Messieurs du Chapitre royal » continuèrent à
jouir d'une assez haute considération, mais de maigres prébendes.
Des pièces officielles de 1724 et 1725 apprennent que « Sa Majesté
» leur faisait remettre annuellement, pour satisfaire aux paye-
» ments des droits du domaine, une somme de 654 liv., sur la-
» quelle il leur restait du bénéfice. »

Quelques bonis, du reste, leur venaient parfaitement à point
pour soutenir, comme demandeurs ou défendeurs, les nombreux
procès dont on trouve partout des traces. Des extraits d'une sentence rendue, le 9 août 1737, par la cour de l'officialité de Cambrai, montreront que l'abondance ne régnait pas, à cette époque,
dans la collégiale de Saint-Nicolas d'Avesnes, et que le traité de
paix de 1617 n'avait pas définitivement banni de son sein les con-
flits d'attributions.

« Et faisant droit sur le deuxième chef des conclusions prises
» par le demandeur (le Vice-Promoteur), nous ordonnons aux
» défendeurs (les chanoines d'Avesnes) de faire accomplir par les
» chanoines de leur église les quatre semaines de résidence péril-
» leuse portées par leurs statuts, leur faisant défense de les dis-
» penser à prix d'argent; etc.; etc. . . . .

» Et en tant que touche le troisième chef des conclusions du
» dit Vice-Promoteur, nous, sans s'arrêter (sic) à la prétendue
» transaction faite à Maubeuge le 11 février 1711, entre le sieur
» Boniface se disant authorisé du corps du Chapitre d'une part,
» et le sieur Lecompte, curé d'Avesnes d'autre part, et à l'inter-

» vention de feu monsieur Doujat, intendant du Haynaut, ordon-
» nons que les Te Deum, qui seront chantés solennellement,
» seront entonnés par le curé dudit Avesnes, faisons défenses au
» dit Chapitre de le troubler en ce regard à peine d'animadver-
» sion. »

Malgré son zèle incontesté, le Chapitre d'Avesnes ne fut guères en mesure d'orner splendidement l'église de Saint-Nicolas; et ce dut être pour les chanoines un grand sujet de joie, quand parfois des fidèles songèrent à ajouter aux objets strictement nécessaires pour célébrer les offices avec décence.

Par un testament authentique du 26 mai 1699, le doyen Antoine de Bonifacii légua à la chapelle de Saint-Antoine une somme de cinq cents écus, payable dix ans après sa mort et affectée à l'acquisition de quatre chandeliers d'argent, d'une croix et d'un crucifix de même métal. Le legs fut-il délivré? Reçut-il la destination indiquée par le testateur? C'est ce qu'il n'est pas facile de décider quand on lit une dépêche assez curieuse, qui peut naturellement trouver place ici. En écrivant à l'intendant du Hainaut, le 25 février 1759 ou 60 (*), au moment où la guerre de Sept ans avait mis les finances de la France dans le plus triste état, le subdélégué d'Avesnes rappelle d'abord qu'il ne se trouve dans l'étendue de sa subdélégation aucune abbaye ou communauté religieuse, hors celle des Récollets; puis, après avoir parlé avec peu de bienveillance de la Maison de Liessies, il continue en ces termes : « Le
» Chapitre d'Avesnes est aussi pauvre en argenterie qu'en biens :
» grâces à son zèle, car le service divin cesserait. Nous n'avons
» que la chapelle sous l'invocation de Saint Nicolas qui ait de
» l'argenterie, qui consiste en quatre grands chandeliers hauts
» de deux pieds, qui, dans les fêtes solennelles, servent au chœur
» où il n'y en a point, et trois effigies de saints, l'une de Saint-
» Nicolas, l'autre de Saint-Jean, et l'autre de Saint-Sébastien;
» toutes trois hautes d'un pied et plus, sans y comprendre la sou-
» base en bois, où il y a quelques reliques; les administrateurs de
» cette chapelle, ceux des autres ainsi que le Chapitre et le ma-
» gistrat, à cause de la paroisse, ont envoyé, il y a plus de six se-
» maines, à Mgr. l'archevêque de Cambrai, un état détaillé de
» leur argenterie, sur lequel le prélat n'a pas encore jugé à propos
» de faire connaître ses intentions.
» A l'égard des particuliers, M. d'Hugemont et Mme de Dourlers

---

(*) Le millésime manque, mais peut se conjecturer d'autres affaires traitées immédiatement après celle du Chapitre.

» étaient les seuls qui eussent de la vaisselle plate; l'un et l'autre
» en ont fait le sacrifice; le premier surtout avec la démonstra-
» tion d'un sujet véritablement attaché à son roy. Les autres par-
» ticuliers de notre ville n'ont que des pièces de vaisselle, qui sem-
» blent nécessaires ou du moins convenir à leur état : couverts,
» flambeaux, cafetières, etc. Je sens bien que la plupart et peut-
» être tous pourraient s'en passer : que leurs pères plus simples,
» plus modestes, et plus économes s'en passaient : que des citoyens
» bien zélés s'en dépouilleraient avec autant de plaisir que les
» dames romaines se privèrent de tout ce qui les ornait, dans les
» temps de crise où se trouva la République; mais les vertus autant
» politiques que morales ne sont plus guères de notre siècle. Si
» vous désirez, Monseigneur, avoir les noms de nos bourgeois
» aisés, je me ferai un devoir de vous en adresser la liste. »

S'il faut en croire un renseignement laissé par un grand-vicaire du Chapitre, le roi, en 1768, réunit la douzième prébende à la Prévôté. Cette mesure améliora la position du Prévôt, sans rien changer à celle des autres chanoines. Heureux ceux d'entre eux qui cumulaient alors avec leur canonicat, les fonctions de chapelains ou de vicaires de la paroisse, ou une régence au collége royal de la ville. Car à partir de 1760 commença une période extrêmement critique pour l'établissement fondé par Louise d'Albret.

1° Embarras à l'occasion de la taille du clergé de Mons, affaire antérieure au 19 janvier 1765, mais dont on ne peut que donner l'indication, faute de documents; — 2° Urgence de rebâtir un des deux moulins de Felleries, (reconstruction autorisée par un arrêt du conseil du 4 septembre 1770, et qui coûta 11,790 liv. de France); — 3° Nécessité de consacrer une somme de neuf mille quatre cents cinquante livres en réparations dans les maisons capitulaires, s'il faut prendre à la lettre un procès-verbal d'estimation du 9 avril 1771, signé Blaugie, entrepreneur des fortifications de la ville d'Avesnes, et Gobled, chanoine, receveur du Chapitre; — 4° Enfin, et ce fut la grosse affaire, menace d'une ruine prochaine par suite de remplois irréguliers de capitaux provenant de remboursements d'anciennes rentes.

Partageant une erreur commune à presque tous les gens de main-morte des provinces du Nord, le Chapitre d'Avesnes avait, postérieurement à la déclaration du 9 juillet 1738 et à l'édit du mois d'août 1749, remployé sur particuliers les capitaux deniers des rentes anciennes qui lui avaient été remboursées. Deux débi-teurs arguant ces reconstitutions de nullité, et prétendant en conséquence imputer sur le prix principal les payements des arrérages, obtinrent gain de cause devant le parlement de Flandre (arrêts des 16 mars 1764 et 9 juillet 1768).

Menacés de voir ainsi s'anéantir la meilleure part de leurs revenus, les chanoines de Saint-Nicolas ne cessèrent d'adresser requête sur requête au conseil, sollicitant surtout :

1° Des lettres-patentes confirmatives de toutes les reconstitutions de rentes faites à leur profit depuis le 9 juillet 1738;

2° L'autorisation d'acquérir, au village de Felleries, le tiers de deux moulins, de deux étangs et de quatre rasières de pré, y attenantes, dont les deux autres tiers leur appartenaient déjà par indivis. Cette acquisition, vu l'extrême difficulté qui existait pour eux d'acheter des rentes de la nature de celles que permettaient les ordonnances, était le seul moyen d'employer utilement les capitaux à eux appartenant, qui se trouvaient ou se trouveraient ultérieurement nantis entre les mains des dépositaires publics, où ils restaient improductifs. Après une minutieuse information, une décision du 5 mai 1774 accorda le second chef de demande et rejeta le premier. Les particuliers qui avaient souscrit les nouvelles reconstitutions ne se prévalurent sans doute pas tous de leur droit, au mépris de l'équité; mais, malgré le défaut de renseignements à cet égard, on croit être dans le vrai en disant qu'il résulta de cette affaire une diminution notable des ressources du Chapitre.

On peut voir une conséquence de cet état de choses dans un procès, ou du moins dans un commencement de procès entre les chanoines qui s'étaient partagés en deux camps. Avant de faire connaître le peu qu'on sait de cette affaire, il est indispensable de signaler deux faits nouveaux qu'elle revèle. Il paraîtrait que depuis assez longtemps la fabrique percevait : 1° les émoluments de la première année des nouveaux titulaires, et 2°, par une interprétation fort large de la sentence de 1575, les fruits de la treizième prébende, déduction faite des douze florins attribués au Doyen. Or le Chapitre avait puisé dans la caisse de la fabrique pour solder des frais de procès, ainsi que les réparations du moulin de Felleries. Les chanoines nommés depuis la consommation de ces faits attaquaient les anciens, leurs confrères, en répétition, alléguant, entre autres raisons, que le revenu de la fabrique consistant principalement dans les fruits de la treizième prébende, on n'avait pu lui demander, en aucun temps, au-delà du treizième des dépenses communes à toutes les prébendes. Ce procès, extrêmement compliqué, fut vraisemblablement arrangé; autrement, par les frais considérables qu'il eût entraînés, il aurait hâté la ruine d'un établissement qui n'a laissé que de bons souvenirs, et dans lequel les fils des familles aisées de la bourgeoisie trouvaient une position considérée, et les prêtres âgés, une retraite honorable.

Personnel du Chapitre.

Des permutations et surtout des résignations (*) nombreuses ont imprimé un mouvement assez considérable au personnel du Chapitre d'Avesnes. Les listes qui suivent peuvent être regardées comme offrant la succession régulière et complète des chanoines jusqu'en 1728. A partir de cette époque tous les noms cités appartiennent bien à des prêtres qui ont été pourvus d'une prébende dans la collégiale de Saint-Nicolas, mais leur répartition entre les divers canonicats est presque toujours hypothétique; de plus on peut soupçonner plus d'une omission.

La série des Prévôts concorde, sauf pour deux noms, avec la liste donnée par M. Le Glay dans le *supplément aux additions et corrections du* CAMERACUM CHRISTIANUM. Le quatrième Prévôt a dû s'appeler *Jacques Marin* (**) et non *Morin*. D'après un acte authentique, collationné à Liessies le 2 avril 1728, Jacques Marin fut pourvu de la treizième prébende au moment de la fondation du Chapitre d'Avesnes, et divers documents prouvent qu'il fut successivement élevé au décanat et à la Prévôté. Quant à Nicolas Delebecq, l'introduction de son nom parmi les Prévôts n'est fondée que sur des notes manuscrites, assez anciennes, mais sans aucun caractère d'authenticité.

La liste des Doyens est à peu près la reproduction de celle de M. Le Glay. Des notes signalent les raisons des modifications qu'on a cru devoir introduire, sous toutes réserves, dans le travail du savant et consciencieux archiviste du Nord.

Prévôts.

Jean Boughon	1534 — —
Jacques de Saint-Venant	— — —
Jean Machon	— — —
Jacques Marin	— — —
Gilles Deforest	— — —
François Driot	1600 — —

(*) Les chanoines résignaient ordinairement leur canonicat moyennant une pension de 50 à 60 florins. Quelques-uns obtinrent jusqu'à cent florins de leurs successeurs.

(**) Il existe encore plusieurs familles de ce nom dans l'arrondissement.

Nicolas Hamier	1628	— —
Nicolas Pottier	1629	— 1637.
Nicaise Lefebvre	— —	— —
Robert Godefroy	1652	— 1688.
Frédéric Dubray,	— —	— 1720.
Edmond Davroux	— —	— 1753.
Nicolas Delebecq?	— —	— —
Augustin Guillard	— —	— 1776.
Jean-Baptiste Leprohon	1776	— 1781.
Michel Debeaumont	1782	— —

Doyens.

Izembard Le Riche	1534	— 1536.
Renauld Juré et non Marié	1536	— 1542.

Succéda au précédent par suite de résignation et grâce à la protection du duc. (Ext. d'un anc. manuscrit.)

Nicolas Marin et non Morin	1546	— —
Jean Roysin et non Rosyes (*)	1547	— —
Jacques Marin et non Marié	— —	— —
Antoine Bouchault, élu et non acceptant	— —	— —
Gilles Deforest	— —	— —
Jean Carlier	— —	— —
Michel Gosset	— —	— —
Jean Menin	— —	— —
Martin Desprez	— —	— —
Humbert Durondeau	— —	— —
Nicolas Malbaux	— —	— —
Louis Vaxins	— —	— —
Louis de Bonifacii	— —	— —
Guillaume Carion	— —	— 1693.
Antoine de Bonifacii	— —	— 1699.
Guillaume Evrard	— —	— 1738.
J. F. A. N. Scorion	1738	— 1746.
G. Alb. Lhermitte	1746	— 1752.
A. F. Graux	1752	— 1753.
J. J. Delbeck	1753	— 1753.
André Lebrun	1754	— 1774.
L. Bécart	1774	— 1775.
Jean-Baptiste Leprohon	1775	— 1776.
Simon Christophe	1776	— —

(*) Modifications de noms fondées sur la pièce authentique citée à propos des Prévôts.

1ᵉʳ Canonicat.

Jean Boughon, curé de Binche, confesseur et aumônier de Louise d'Albret.	1534	— —
Jacques de Saint-Venant (ne résida pas).	— —	— —
Guillaume de Haynaut.	— —	— —
François Jaco.	— —	— —
Robert Taulier.	— —	— —
Philippe Boulman.	— —	— —
Adrien Pillot.	— —	— —
Jean Becquet.	— —	— —
Claude Barlet.	— —	— —
Nicolas Malbaux.	— —	— —
Jean Simonez.	1662	— —
Jacques Prelat	1684	— —
Delesart	— —	— —
Jean Petit.	— —	— —
Jean-François Desprez.	1716	— —
Jean-Joseph Delebeck.	— —	— —
Jacques-Antoine Wattiaux	vers 1754	— —
Launoy.	id. 1781	— —
Toilier.	id. 1787	— —
Bultot.	id. 1788	— —

2ᵉ Canonicat.

Izembard Le Riche.	1534	1536.
Renauld Juré.	1536	1542.
Jean Wautier.	1542	— —
Jean Bourlart.	— —	— —
Michel Gosset.	— —	— —
Jean Dubois	— —	— —
Dehante.	— —	— —
Michel Siffart.	— —	— —
Jean Bertrand	— —	— —
Louis Bérard.	1647	1653.
Frédéric Dubray.	1653	— —
Michel Lefebvre.	— —	— —
Augustin Guillart	vers 1760	— —
Jacques-Philippe Jespart.	id. 1784	— —

3ᵉ Canonicat.

Jean Gobert, senior, curé	1534	1543.
Nicolas Quénée	1544	— —

Nicaise Ghoris . . . . — — —
Jean Montuyer . . . . — — —
Un Bruxellois. . . . . — — —
Guillaume Lebrun . . . . — — —
Jean Camberlin . . . . — — —
François Volk, organiste du duc . . . — — —
André Lemoine . . . . — — —
Gilles Belvaux . . . . — — —
Nicolas Hulin. . . . . 1655 — —
Charles Galisset. . . . . — — —
Jean-Baptiste Fayneau. . . . . — — —
Jean-Philippe Bruncasté . . . . . . — — —
Jacques-Antoine Hannequart . . . . . — — —

Jean-Baptiste Leprohon . . . . . . vers 1760 — —
    Nicolas . . . . . . id. 1783 — —

4e Canonicat.

Jean Troyart, coadjuteur de Jean Boughon dans
  la cure de Binche . . . . . 1534 — 1545.
Jacques Chartier. . . . . 1545 — 1546.
Bertrand Taverne . . . . 1547 — —
Nicaise Fuisseau. . . . . — — —
Jean Carlier . . . . — — —
Alexandre Hamier . . . . 1592 — —
Louis Levacq. . . . . — — —
Pierre Dubray. . . . . — — —
Michel Benoit. . . . . — — —
Jean-François Bauduin, ... 1688 — —
Jacques Quenel . . . . 1722 — —

Lhermitte. . . . . vers 1738 — —
Lucqz . . . . id. 1760 — —
Moiset . . . . id. 1781 — —

5e Canonicat.

Nicolas Marin. . . . . 1534 — —
Claude Férion . . . . — — —
Antoine Bouchault . . . . — — —
Thierry May . . . . — — —
Guillaume Passage . . . . — — —
Antoine Marin . . . . 1607 — —
Jean Barlet . . . . — — —

Jean Houdain, recteur du Collége d'Avesnes . . 1616 — —
Jacques Léonde . . . . — — —
Jacques Lemaire. . . . . 1620 — —
Jacques Meurant, recteur du collége d'Avesnes . — — —
Antoine de Bonifacii . . . . 1684 — —
Guillaume Evrard . . . . — — —
Jean-Baptiste-Joseph Gobled . . . . . vers 1760 — —

6ᵉ Canonicat.

Jean Forestier. . . . . 1534 — —
Gaspar Forestier. . . . . — — —
Gilles Thiébault. . . . . — — —
Nicolas Dubaussoit . . . . 1594 — 1606.
Jean Vertain . . . . 1606 — 1618.
Philippe Bouloigne . . . . — — —
Antoine Dautremont . . . . — — —
Humbert Durondeau . . . . 1620 — —
Jacques Lefebvre . . . . 1652 — —
Gérard Bauduin. . . . . 1684 — —
Jean Bouté. . . . . — — —
Edmond Daroux . . . . 1728 — —

André Lebrun. . . . . vers 1760 — —
 Desenfant . . . . id. 1781 — —
 Bucquoy . . . . id. 1783 — —

7ᵉ Canonicat.

Jean Bregier, écolâtre . . . . 1534 — 1539.
 Antoine. . . . . — — —
Barthélemy Rousseau . . . . — — —
Jacques Mahieu . . . . — — —
Nicolas Carlier . . . . — — —
Nicaise Lefebvre . . . . 1615 — —
Guillaume Carion . . . . 1652 — —
Frédéric Lermuseau. . . .

Michel Debeaumont . . . . vers 1760 — —

8ᵉ Canonicat.

Pierre Leverye . . . . 1534 — —
Gilles Deforest . . . . — — —
Jean Piere. . . . . — — —
Jean Hustin . . . . — — —

Philippe Cordier. . . . . — — — —
Gilles Martin. . . . . — — — —
Jean Lefebvre, bachelier en théologie, curé des
     deux Fayts . . . . 1638 — — —
Antoine Chaucie. . . . . — — — —
Gilles Boloigne . . . . — — — —
Jean Adam . . . . 1642 — — —
  Floncel. . . . . — — — —
Nicolas Duparc . . . . , . . — — — —
Jacques Courtin. . . . . 1726 — — —
Jean-Antoine Moiset . . . . 1727 — — —

Louis Graux . . . . vers 1750 — — —
Simon Christophe. . . . . id. 1760 — — —

9ᵉ Canonicat.

Pierre Gyrin. . . . . 1534 — 1539.
Jacques Nuée. . . . . 1539 — — —
Guillaume Gille, *dit* Bruyant. . . . . . . — — — —
Jean Joly, (entra dans l'Ordre de Saint-François). — — — —
Vincent Milet. . . . . — — — —
Martin Desprez . . . . — — — —
Jean Petit, chapelain du prince. . . . . . — — — —
Jean Monios, chanoine de Chimai et chapelain
     du prince . . . . — — — —
Lambert de Geneffe. . . . . — — — —
Nicolas Brevière. . . . . — — — —
Bauduin Baligand . . . . , ... 1688 — — —
Jean Froidure . . . . 1721 — — —

Louis Vaxins . . . . — — — —
  Gauchez . . . . vers 1760 — — —
  Moiset. . . . . id. 1781 — — —

10ᵉ Canonicat,

(Devenu le Canonicat de la Cure à partir du 9 mars 1543.)

Jean Gobert, junior, (curé le 9 mars 1543) . . . 1534 — 1546.
Jean Dourbe . . . . 1547 — — —
André Francquart . . . . — — — —
Jean Willot . . . . — — — —
Guillaume Hanich . . . . — — — —
Barthélemy Daniau . . . . 1594 — — —
Nicolas Warnot . . . . — — —

Robert Finet . . . . 1628 — ——
Daniel Camberlin . . . . —— —— ——
Gilles-Albert Denis . . . . 1687 — ——
Paul Lecompte . . . . 1700 — ——
Jean-François Musquin . . . . . 1726 — ——
Nicolas Rotrou . . . . —— — ——
Nicolas Pindupar . . . . . . vers 1760 — ——
Pierre-Joseph Jesquy . . . . . . id. 1781 — ——
Pierre-Joseph Jean . . . . id. 1783 — ——

11ᵉ Canonicat

Gilles L'Abbé . . . . 1534 — 1540.
Jean Berelle . . . . —— —— ——
Jean Machon . . . . —— —— ——
Jean Dubeloy . . . . —— —— ——
Jean Dubois . . . . —— —— ——
Ursmer Meurant . . . . —— —— ——
Izembard Derbaix . . . . 1645 — ——
Nicolas Pottier . . . . 1626 — ——
Gilles Legrand, chapelain du duc de Chevreuse . —— —— ——
André Fayneau . . . . —— —— ——
Jean Froye . . . . —— —— ——
Louis de Bonifacii . . . . —— —— ——
César de Bonifacii . . . . —— —— ——

Al. F. Graux, aîné . . . . —— —— ——
Louis Bécart . . . . vers 1760 — ——
Rossignol . . . . id. 1766 — ——

12ᵉ Canonicat.

Jean Roysin . . . . 1534 — 1574.
François Driot . . . . —— —— ——
André Pillot . . . . —— —— ——
Robert Godefroid . . . . 1644 — ——
Antoine Moiset . . . . 1688 — ——
Hauttecœur . . . . vers 1758 — ——

Canonicat supprimé en 1768.

13ᵉ Canonicat.

Jacques Marin . . . . 1534 — ——

Canonicat supprimé le 15 janvier 1575 par sentence de l'Officialité de Cambrai.

PREMIER TABLEAU,

INDIQUANT CE QUE L'ON CONNAIT DES REVENUS

Du Chapître de Saint-Nicolas d'Avesnes.

§ I. — Revenus assurés par la fondatrice (*) en biens et en rentes annuelles et perpétuelles sur divers héritages situés dans les localités ci-après dénommées :

	Livres.	Sous.	Deniers
Rue du Béguinage.	40	»	10
Place.	102	4	4
Rues Normerie, Cambresienne, du Faubourg.	34	19	5
Grande-Rue.	33	12	9
Rues de la Sottière, des Prés, d'Entrepont. Faubourg de la Porte du Mauvinage, Basses-Rues.	30	12	2
Rue des Places.	80	6	10
Avesnelles-Saint-Denis, y compris la cense de Bonne-Emprise.	132	1	5
Avesnelles-les-Huttes et lieux adjacents.	100	1	4
Fayt et Boulogne.	47	14	»
Landrecies.	137	7	»
Dimont et Dimechaux.	349	10	1
Arquenne.	63	»	»
Maroilles.	203	3	»
Cartignies et Dompierre.	25	10	»
Felleries, y compris le moulin.	64	»	»
Pont-sur-Sambre.	13	»	»
Saint-Hilaire.	42	»	»
Limont et Fontaine, d'une cense et quelques terres.	36	»	»

Total : 1,535 liv. 3 s. 2 d.

§ II. — Revenus des biens cédés au Chapître par l'héritier de la fondatrice pour compléter la dotation :
Probablement . . . . 464 liv. 16 s. 10 d.

§ III. — Revenus de l'Obituaire :
26 mai 1699, Obit fondé par le Doyen Antoine de Bonifacii,
. . . . 60 liv.

§ IV. — Revenus résultant de donations particulières :
Donation de Pierre Bracquenie . . . . . 2 liv.

(*) En fondant le Chapître d'Avesnes, Louise d'Albret n'imposa de charges à personne. Elle avait, depuis assez longtemps, employé ses épargnes en acquisitions d'immeubles et surtout en constitutions de rentes, en vue de réaliser un jour son projet d'ériger l'église de Saint-Nicolas en collégiale. Elle s'était engagée à porter les revenus énumérés ci-dessus à la somme de deux mille livres. La mort l'empêcha de tenir son engagement.

DEUXIÈME TABLEAU.

FRAIS D'ENTERREMENT ET SERVICE D'UN CHANOINE D'AVESNES

	D'APRÈS		
	Les Statuts de 1534.	Un contrat fait unanimement en 1628.	Une décision capitulaire du 31 janvier 1746
	Livr. Sous.	Livr. Sous.	Livr. Sous.
Au Doyen pour le service des obsèques.	2 »	6 »	6 »
Au même pour deux messes et part de chanoine	» »	3 10	3 10
Aux chanoines	5¹ 12	16² 10	16² 10
Aux vicaires	1³ 8	4⁴ 10	4⁴ 10
Aux choristes	» »	1 4	1 4
Aux revêtus	» »	» 16	» 16
A la musique pour deux messes . . .	» »	2 10	6 »
Au bâtonnier	» »	1 10	3 »
Au clerc	» »	2 »	2 »
Aux enfants de chœur	» »	1 10	1 10
Aux béguines	» »	1 10	» »
Au trésorier	» »	» 10	1 »
Pour le luminaire	1 10	» »	» »
Pour l'ornement d'autel	» »	» 12	1 »
Au Carillonneur (⁵)	1 10	» 8	» 8
Pour faire sonner deux grosses cloches .	» »	10 »	10 »
Total	12 »	53 »	59 08

(1) A raison de 9 s. 4 d. à chacun des chanoines.
(2) A raison de 1 liv. 10 s. à chacun des chanoines.
(3) A raison de 4 s. 8 d. à chacun des vicaires.
(4) A raison de 15 s. à chacun des vicaires.
(5) D'après les Statuts de 1534 le carillonneur était chargé de faire sonner les cloches.

FIN

www.ingramcontent.com/pod-product-compliance
Lightning Source LLC
Chambersburg PA
CBHW070545080426
42453CB00029B/1949